人類が覚醒する言霊

シルバーあさみ
Silver Asami

知道出版

はじめに

「おはようございます」
挨拶を大事にして太陽に顔を向けて生きていくこと。

こんなに簡単、且つ素晴らしい一日の朝が過ごせている人達と、
あたり前に思っている人達と、挨拶すらできない人達がいます。
同じ言葉や光景からも見落としていることはないでしょうか。

急速な時代の変革に取り残されないためにも、
人生を生きていくことが辛くならないためにも、
言葉と姿勢を正していくことが必要であると思います。

気づき、目覚め、「人として生きる道」を見極めていく人達の
人生の指針となるような
『人類が覚醒する言霊《ことだま》』をまとめました。

「是好日」
この言葉に込められた意味を私なりに受けとめて、
現代社会の中で必要な言霊として解説しています。

何ひとつ文献を見ずに、天地繋がり、魂込めて書きました。
やや難しい言葉や解説文もありますが、
霊性進化の道を歩んでいる覚醒者なら理解できる語録集を発表することで、
気づきの層の方々も、覚醒の道を歩む楽しさを知ってほしいと願います。

＊＊＊＊＊＊＊

一日一回、この本のページを開いて、声に出して読んでから、
仕事にでかけたり、家事に明るく取り組んだりしてください。
力強く生きるための心の拠り所にしてくださると有難いです。
また、覚醒者（＝肉体をもって悟っている人のこと）が、
言霊の意味の掌握度を上げて覚醒段階を上げるため、
霊性進化の中軸中道として、７つに項目を分けました。

ブッタの言葉を近代の人達が活用するように、
まだまだ未熟ではありますが、天地人のシルバーあさみが、
地球の過渡期の意識改革に合わせて、独自の文章手法にて、

最先端の意識と宇宙の音霊の極みを繋げました。

あえて書くのならば、高波動高意識体に近づく語録集でありますこと、
地球の過渡期に「自他共に幸せ」な世界が革新的に起きますようにと、
魂を込めて書き上げました。

私達は、言葉と意識と言動を天地人として一致させていくことが必要です。

『人類が覚醒する言霊』が、
覚醒の道を歩む人達のバイブル（必読書）となりますように〜。

シルバーあさみ

人類が覚醒する言霊

人類が覚醒する言霊　○目次

○社会での人間関係──仕事場の人間関係で悩みを抱えている人へ

◯肉体と精神の健康

健康の悩みを抱えている人へ

1

体あっての物種

体があるからこそ魂が磨ける。
体が動くこと、働けること、仕事ができることに感謝をしよう。
体が健康であれば、悩みも課題も乗り越えられるし復活できる。
体を動かして良き種をまくことで仕事のチャンスも受け取れる。

2

心の選択を美しくする

心の選択の結果が目の前の現実である。
瞬間瞬間の心の動かし方や思考の働かせ方に注意を払おう。
心がクリアであり美しい瞬間の選択を積み上げるのならば、
人生は次元高く輝いていくことでしょう。

3

過ぎたことを後悔することや未来の不安は無用

過ぎ去った過去に対して、自分を責めて後悔していても先に進まない。
過去の出来事が執着になってしまうと、今に生きられない。
また、将来や未来のことを案じるのは、過去の残骸《ざんがい》の記憶から起きる。
ただ、今を懸命に生きること。

4

瞬間、瞬間、あなたの命を輝かそう

毎瞬の心の美しさの積み重ねである1日が、
どれほど大切で、どれほど貴重であるのか。
命とは、瞬間に意識を感じられることで光輝いていく。

5

心と体は一体である

心の因が体面に現れる結果となる。
心が病んでいると体も疲れやすい。
あなたの体の声は心の声と同じであり、わかりやすい。
潜んだ意識が身体面に顕著に起きると気づいていこう。

6

現実は心の内側が創り出している

すべては、己の心の状態を外側に映し出している現象。
心に潜んだ意識を消去することで、現実が楽になろう。
喜びの現実に身をおきたいのならば、
今という瞬間に心を美しくすること。

7

太陽は、魂の磨きを教えてくれる

太陽は生きとし生ける魂たちを照らし、輝かしてくれる。
太陽があるからこそ、人も心や魂を輝かせようとしていく。
太陽が朝のぼって、夕方沈むことで、光と影を統合できる。
生き方の軌道修正、人生、生きる死ぬ、有難う、お蔭さま。

8

人間的な未熟さを謝ること

魂が成長したあなたなら、相手に潔く謝ることができる。
謝るべき人には謝らないと、次のステージに上がれない。
親にも子どもにもパートナーにも会社の人達にも、
「私が未熟でした。申し訳ありません」が美しい一歩となる。

9

自分を責めるものは何もない

過去の失敗にとらわれることなかれ。
過去は教訓にすればいい。魂は進化して成長するためにある。
自分を責める人は、いつも他者を責める。誰も責められない。
気づいたら、やりなおせばそれでいい。

10

今日からどう生きていくのかが大切である

過去の勲章や後悔をいつまでも人に語ったり、悔いたりしても、自己成長にならない。懺悔《ざんげ》心にて、身も心も痛めることがある。過去への割り切りは悟りの一歩、自分への執着心を手放すこと。明るい笑顔で生きていこう。

11

どちらでもいい、どちらでも調和

小さいことにはこだわらないこと。

気づき、目覚め、魂を磨いて、人生に悟っていくと、「どちらでもいい」という大らかな感覚が出てくる。

どうでもいいということではない、すべては必然であるから、どうならなくてはならないとか、こうなったらだめだというこだわりがなくなるということ。人生が楽に過ごせるだろう。

12

一日一日を精一杯に生きていくこと

精一杯とは、幾度も幾度も魂の体験をしながら
今という瞬間に生き抜いていく力を実感しよう。
「悔いなし」に、一日を過ごすことで人生が実る。

13

どの時間も心美しく過ごすこと

自分自身に納得の時間を過ごしているのか、
相手の人の大事な時間を尊重しているのか、
自他ともに時間に尊重心をもてるかどうか、
宇宙はあなたの意識をうつしだす。

14

３６５日に命のありがたさがある

生きる喜びとは、命に感謝すること、
呼吸ができること、水がのめること、無事すごせること
悩んでも乗り越えられること、３６５日に命ありがとう。

15

その日のことは、その日のうちに解決せよ

ネガティブな感情を寝床まで持ち越さないことが大切。
それが、心にも体の健康にもいい結果を与えるだろう。
魂が汚れたままで寝ると、体が重くなるか負担がかかる。

16

肉体があるからこそ、命ありがとう

肉体があるからこそ、喜びも葛藤もあるのだ。
母親から生まれて、父親の存在、男がいて女がいる。
命ある奇跡に感謝しよう。

17

私達は自然界の中で生かされている

命あることの有り難さは、晴れあり、雨あり、曇りあり。
空、雲、風、土、海、川、植物、動物、そして人間たち。
そのままの環境を受け取り、文句をいわずに生きていくこと。

18

無心であること

過去や未来のことに思い悩むのではなくて、
懸命に無心で現在を生きよ。
あれやこれやと神経を使う余裕があるのならば、
眼の前の仕事に集中せよ。するとこ無心がわかる。

19

自分が今、いかに幸せかに気づくこと

無事に過ごせることは、何よりも有難いことである。
その境地に達すると、日々満足できる人生を送れる。
もっともっとと求める気持ちが強いと満たされない。
今、如何に幸せかに気づくことが幸せになる秘訣である。

20

人は限られた命だから輝く

生きて死ぬ。だからこそ人生は有難く美しく輝く。
未来永劫魂は不変ながらも、人間は限られ生きる。
限定された中でどう生きていくかが結果となること。
一日一日をそのことを意識して大事に生きていると、
一生でやるべきことに気づきまわりと調和をもてる。

21

「空」「無」で、人生を快活に生きよう

「空」である美しい状態の人達は新しい智慧《ちえ》が沸き起こる。
「無」の境地に近づいていくまで魂を磨いて輝きを放とう。
自我から解き放たれる状態こそが、人生を快活に生きる術。

22

働けることは喜びである

社会で無事に働けることは人のお役に立っていること。
真面目にコツコツと働く汗は、日々の活力につながるだろう。
お金、体、人間関係の3現象®を磨ける仕事とは大変有難く、
健康に働けることから互いに喜びを共有できる仲間ができる。

23

意識がクリアで純粋であることに尽きる

何事を成すにも、健康にミッションを具現化するためにも、
3層の意識（顕在意識、潜在意識、無意識）が、
極力、エゴが少なくてクリアであり続けること、
またそうあろうとする純粋さを持ち続けることが、
課題を克服してビジョン達成のため、頑固な岩をも崩していくだろう。

24

瞳は魂の輝きである

瞳というものは、魂の光。曇るか輝くかその人がよくわかる。
何度、過去輪廻転生をしても、瞳は、魂の本質の輝きを放つ。
魂の磨きと共に、瞳の輝きが増すこと。赤ちゃんの瞳をみて、
その純粋な輝きをもってこの世にうまれてきたことを思い出そう。
そして、魂の回帰の作業をしていくことで、瞳が純粋に輝くこと。

25

「大いなる源の光」こそが、己の魂の光

日々精進して輝いていると、己の魂の光を信じられる。
自分を信じるも信じないも魂が磨かれているかどうか。
大いなる源の回帰の作業を迎えるために、誰もが光の存在として、
地球上の肉体をもって輝いて生きることで、己の人生が輝くこと。

すべてはあるがまま

魂を磨いて、エゴを手放し、「あるがまま」にて言動すること。
すべてをあるがまま受け取り、ありのままに表現していく力。
今という瞬間に有難く生きていく。
この世のすべてはあるがまま。

27

何事にも動じない心と体をつくること

中立心と中道を極めることで何があっても動じない心をもつこと。日常の平常心が必要であり、一歩を着実に歩む悟り力がある肉体は、人生を安心と安泰に導いていくこと。世情や人に左右されないこと。

28

肉体の痛みは、人間であることの「証《あかし》」

心に因があれば、肉体は痛む。ただし、それも人間であることの証。
ただ痛い痛いというのか、病と闘うのか、それすらも魂磨きと捉えるのか。
肉体がある人間であることを根底から掌握《しょうあく》して、体をエゴなく愛しながら、
人間の体の枠のエゴの概念を越えることこそが、悟りの道であること。

29

苦しい課題も、楽になるために起きている

人生を今日まで生きてきたすべての傷や痛みや葛藤は、
これから感じる生きる喜びの深さを味わえるためにある。
失望も怒りも魂の成長のためにあなたに教えてくれていた。
思考が合っていないから苦しいという課題は、楽になれること。

30

一日一日、心をクリアに、体をクリアにしよう

毎日の習慣が体の基礎を作ること、腹筋背筋や簡単な運動をしよう。
心を清らかに美しく変えていこう。
悪習慣をたちきり、身体を健全にしていこう。
食習慣も整えて、おいしく有難くいただこう。
一日ずつ体がつくられること。

31

幸せは自分の心の中が健康に満たされていること

お蔭さま、感謝です。仕事ありがとう。
もう十二分に幸せと思えることがあなたが幸せになれる道。
幸せとは自分の心の中が健《すこ》やかに満たされていることです。

32

一日一善、笑顔で親切をすること

相手のために、心を込めてできることから一歩をはじめていこう。
世のため、人のために、笑顔で過ごせる人は宇宙に好かれること。
そんなあなたが苦しむはずはない。
一日一善、手帳に記録しましょう。

33

生涯の健康方法は一日3回の気づき

気づきは人生を円滑にしてくれる「目覚めの呼吸」。
一日3回気づくことで心と体が爽快。潜在意識の蓋《ふた》が開くこと。
すると、体に負担が溜まらない。生涯、元気に過ごせる気づき。

34

家事も仕事も体のお勤め

仕事は、いろいろな事《こと》に仕《つか》える。家事は、家の仕事のこと。
体を会社や家に奉仕することは、誠に魂がよく磨けること。
家事も仕事も体に有難うと務めていると、体は健康である。

35

満点の太陽になるまで生き抜くこと

太陽は教えてくれている。
ありがとう。生きる。命。
人生は乗り越えてこその光。
今という瞬間に生き抜いてこそ、満点の太陽。

○エネルギーとしてのお金

お金に関する悩みを抱えている人へ

36

魂磨きが豊かさの結果になる

何事もないかのように見える時間こそ、
如何に心の選択を美しく整えているか、
魂が磨かれているのか結果に繋がること。
豊かさは一日ではならず、エゴでもならず。

37

期日が何より重要であること

どの時期も、ずらしたら実行にならない。
目的がうまくいく期日を大事に歩むこと。
一人の出会い、取引きが、金運となるか、
損失となるのか、軌道修正の時期なのか、
決めていく時なのか、期日を明確にしよう。

38

お金は自分の価値であること

お金は、自分の価値のエネルギー。
魂を磨いて、自己向上をすることによって、
自身の価値＝お金を受け取れる価値は上がる。
お金を受け取って、人に与えるという循環を
感謝と尊重でやりとりすると、収入のパイプが太くなる。

39

お金の使い方は心の使い方

お金の使い方に惜しんだり、犠牲心があったり、
支払先を責めたりしていると、お金が滞《とどこお》りやすい。
支払う時に相手先に感謝とありがとうを添える心。
「お金が美しい」と思える人は「心が美しい」人。

40

お金は魂の磨きを教えてくれる

お金は、地球上で魂を磨くために存在する物質です。

お金の悩みは、思考があっていないから起きると気づこう。

お金で、人間関係が円滑になったり、争ったりすることは、おかしなことであり、依存と自立の境界線を正しましょう。

自分自身が仕事で働いて収入を受け取り与えるのみであること、誰に求めるものでもなく、誰に与えないものでもありません。

お金がある限り、人生を学び続けることで魂が磨かれていく。

41

お金は純粋なエネルギーである

お金は、美しい純粋な感謝のエネルギーだと気づこう。
お金を潤沢に受け取ることができる人は、純粋である。
お金が自身の全身のエネルギーであると掌握していると、
働くことは生活のためではなく体を生かして貢献できる。
仕事が生きがいであるという生命の気力が湧いてくると豊かになる。

42

縁を縁でつなぐと、お金の円が生まれる

円＝縁。お金を通じて、ご縁（円）の豊かさを引き寄せること。
どこによき縁があるかわからない。日常の悟り道のご縁。
人のご縁で円が何倍も増えることがあることは、境界線。
それは、人と人の信頼関係と感謝と尊重の縁の輪の結果。
収入を増やそうとする野心ではなく、人を大事にすると円が増える。

43

お金の価値は、あなたの生き方である

潜在意識にエゴが少なく、心の選択をクリアで美しくして、
言葉を整えていくと、以前のあなたより価値はアップする。
「自己価値が低い」と自分でいうのは、影の心があるということ。
お金というものは、人と物と場所に対する尊重度の現れと気づき、
そこに生き方や価値観が顕著に現実となっていると知りましょう。

44

お金が美しいと思える人は、心が美しい

幼少期にお金について誤った汚い言葉や不平不満などを聞いていたり、両親がもめているのを見ていると、お金を困難なものと捉えてしまう。するとお金の受け取りがスームーズでないことが続いてしまうこと。宇宙の真理を捉えるとお金が美しく思え、お金の豊かさを受け取れる。

45

空間の波動は豊かな結果をつくる

人、物、場に波動がある。
波動は高い波動と低い波動、整った波動と乱れた波動があること。
波動が高く整っている人や場所に、お金は豊かに流れてくること。
それには、人を大事に、物を丁寧に、場所を尊重してつくり出す。
それをせずして、売り上げや収入を顕在的に上昇させることはできない。

46

執着を手放すことで軌道修正できる

「手放す」という決断、それはあなたのお金の達成を左右すること。
過去の出来事、過去の産物や人間関係に執着すると器《うつわ》があかないこと。
お金のエネルギーも入りにくい。一度、白紙から軌道修正しましょう。

47

現場に集中して仕事を向上させる

自分にふさわしい職場や現場が、眼の前にあるという必然なこと。
その仕事で向上するか、次なる転身の舞台に上がるか否か、己《おのれ》次第。
現場を納めず、未来への願いをもつより、今の自分を向上させよう。

48

豊かさの具現化は、心、体、魂の美

心美しく、体を整えて、魂と三位一体の美。
心、体、魂を美しくしていく人生こそが「自他共に幸せ」であること。
要は、魂を磨きながら、ミッションを具現化することで豊かさが伴う。
また、それをめざす姿勢と生き方こそが、魂がもっとも輝くことである。

49

困難こそ、魂を磨き上げるチャンス

困難な壁や行き詰まりなどは、次の人生に進める覚醒のためのチャンス。
考え方や思考や言動が合っていないことに気づいて軌道修正すればいい。
魂の磨かれていない箇所に気づいて、御霊《みたま》を磨き上げるいい機会だと悟ること。

50

誠実に、正直に、行動を決断していく重要性

ミッションを歩む自分自身に誠実であり続けること。
物事に純粋でクリアであることが、豊かな実現の基礎の道をつくること。
一日、一時間ごとに、自分を見直して、失敗してもやり直せばいいこと。
誠実で正直であれば、種は実り、花は咲くことを性根にすえて生きていこう。

51

一日の積み重ねこそがお金の数字の結果になる

人生を丁寧に積み重ねること。見えない間の積み重ねが結果になると気づく。損失があるのならば、動機が違ったのでしょう。起因が結果となるのだから、悪《あ》しき種を刈り取り、良《よ》き種を植えて、一日ごとに積み重ねていきましょう。数字の結果が持続してこそ、因果応報の実りにて豊かな人生となるでしょう。

52

実のある行為の結果はすぐにお金の現実となる

心の内側が現実の現象となり、心の美しさによる結果は顕著であること。
自分が中心であると、金銭は詰まりやすい。社会貢献、世のため、人のため、
相手はどう思うのか、相手に何ができるのか、考えている人たちは豊かである。

53

言葉と生活が整うと豊かな人生となる

言葉が乱れていると引き寄せがよろしくなく、金銭が乱れる。
人と仕事の尊重度が高い人は、言葉が丁寧に整っていること。
仕事に私利私欲のエゴが無いなら、真意は伝わるでしょう。
言霊《ことだま》とは、豊かな現実の具現化の音をもつようになる状態。

54

時間、速度、行動を整えよ

仕事をする間に無駄に時間を過ごさないこと。だらだら昼食もとらないこと。
瞬時の対応が大事である、速度が相手のタイミングにあっていることは高度。
行動がハイヤーセルフにつながっていると、時間、速度が豊かで無駄がない。

気力、元気力、継続力が実力となるのが本物

あきらめない、のりこえる、やり始めたら完結する力をもつ本物になる。
ぐうの音《ね》もいわない気力、元気力が高く、起承転結の継続力があること。

56

意識と思考が調和であると豊かな土台

正直、誠実、愛と尊重があれば、
結果的に答えは、豊かな土台であること。
意識と思考が調和の次元であるのならば、
理念全う、人生も団体も豊かになる仕事の結果。

57

商売の意味を知る

商売とは、選んだ商品に責任をもって、頭を下げて販売すること。
「お客様は神様」として接客、そのうえで商品に価値を生み出す。
お客様に迎合せずに、営利ももたずに、真の商いをする精神は、
誠に魂を磨ける生業であること、誇りをもてる商売をすること。

○親子という絆

親子関係、身内の悩みを抱えている人へ

58

人は人で魂が磨かれるために出会っている

魂が体験したことを教訓として成長すればいい。
エゴが発生しやすい身近な人間関係によって、自らを向上させていく。
過去の失敗は教訓とするのみであり、まわりの人に左右されないこと。
小さな失敗をして教訓を学び、大きな実りある道に到達していくこと。

59

余計な感情を心と体から一掃していくこと

本質の声がわかるようになり、意識を現実化する創造性も高まること。
子どもを自分の所有物にして、男女間の依存関係を繰り広げてはならない。
余計な感情は事態を難儀にするだけであり、ドラマの中に入らないこと。
心の因を消去して、元気に掃除する、整理整頓することで一掃できる。

60

内側を磨き、内側を観察するのみである

自分の内側に目を向けることで、真の癒しと悟りの瞬間が見えること。
誰のせいでもない、自らの内側のエゴを認識して、魂を磨くのみである。
内側の闇を認識して統合を待つのみであること、そこに覚醒の道がある。
過去輪廻転生のカルマを解除するために、身近な人たちとの学びがある。

61

全ての過去の罪と行為を互いに許し合う

魂が必然と磨かれると悟るためには、己の過去のすべてを許すこと。
あの時、この時の罪や懺悔心《ざんげ》を赦《ゆる》し、他の未熟な者たちを許すこと。
一人ひとりが自分を許して、人生で出会った全ての人たちを許していこう。

62

身近な人たちを大事にせよ

身近な人ほど、魂が磨かれるために宇宙が与えてくれていること。

当たり前の普通の関係性から、尊重し合える関係性にしていこう。

家族意識だけを強めるのではなく、真の境界線を習得していくことで、愛と信頼の関係性が保たれることは、自他共に幸せの一歩であること。

63

幸せになる人は、人を尊重できる人

人を尊重できる人とは、気づき度が高く、感謝心も整っていること。
相手に依存したり、要求をしたり、嫉妬したりするのではないこと。
自我より先に眼の前の人に何ができるのか、常に考える心の選択は、
結果、誰からも尊重される存在になっていること。

64

子どものありのまま、全てをただ信じよう

子どもが失敗したり、枠からはみでても認めてあげること。
両親のレールにひいたり、親の所有物にしないことが肝心。
子どもの喜怒哀楽の全てを受けとめる悟り度の高い親でいること。

65

全ての因果は己にあり

眼の前の出来事は、魂の成長のために、
必然と起きたと受け止め乗り越えること。
誰のせいでもない、運命、たまたま何一つないこと。

66

悪しき種を刈り取り、良き種をまく

宇宙の因果の法則を知ること。
現実が厳しいのは、過去の悪しき種を刈り取るしかないこと。
お金も人間関係の欠落点もツケは返さなくてはならないこと。
大地を耕してから、種を植え替え、一つ一つを見直していくこと。

67

過去を許せた瞬間に恩恵が降り注ぐ

両親、自分、元恋人、過去を許していきましょう。
うらみや許せない意識がある限り、幸せはこないこと。
過去の出来事や罪を悔い改めると、開いた器に聖水が満ちる。
何もかも許していこう。

68

あなたが覚醒していることが解決への道

三世代の悪連鎖の絡みに絡んだ糸を紐解くのは誰であるのか、目覚め悟っている人がいると、職場と課題の解決の道がみつかる。客観的に物事をみて中立な心で穏便に解決していくことができる。

69

自分から相手に架け橋を渡して、調和を選ぶ

苦手な相手、相性が悪い相手、好きでない相手にも、
自分から挨拶をしてみることで、魂がワンランク上にあがること。
心を込めた愛と思いやりのある言葉を伝えると相手の魂に届いて
お互いに魂の成長であると気づき合える有難い関係性に変容する。

70

真の感謝とは、行動でしかお返しできない

生きている間、教えてもらったことや恩を感じた相手には、どんな小さいことでも、相手にお返しをしていきましょう。真の感謝とは、自然と言動がともなう生き方であること。自然界に借りた恩を返していく心がけも必要であること。

71

母親の気づきが何より大事である

母親が笑顔を輝かせて生きていることが、子どもを育むこと。
母親の気づきと自己向上心は、子どもの健康度に繋がること。
気づきがあると、言葉と表情が輝いていくので子どもは嬉しい。

72

子どもたちは地球の宝

子どもとは天からの恵みである。子どもたちを苦しませてはなりません。
母親の悟り度が、子どもの笑顔に繋がることと社会貢献となること。
水の惑星地球において、母親の体内の水中から子が生まれることは、
地球の宝であり、自然な摂理のもとに、エゴで育てないこと。

73

子どもに教わること

子どもから教わるという視点が大切であること。
子どもの動作や言葉を植え付けたのは他ならぬ親の言葉と表情である。
子どもに変えてほしいのならば、「子どものふりみて我がふりなおせ」。

74

魂を磨くためのみ、家族がそこにいる

食卓での言葉、互いの尊重心を保つ境界線のテーブルにすること。
エゴが発生する人たちが集まり魂を磨いていると悟っていること。
笑顔で学びをありがとうと行えるか、自分自身を考察してみること。
互いに自己向上ができて、分かち合いができるのが、覚醒者の家族。

75

無事な時こそ、お蔭さまと過ごそう

毎日が無事な時にこそ、大切に有り難く過ごしていきましょう。
家がある、仕事がある、家族がいるという有難さを言葉にしよう。
愚痴不満をいうことなかれ。互いに尊重していると安心な生活となる。

76

真実を見極められる眼をもつこと

人に左右されず、他者と比較をしないで向上する力を養うこと。
真実を心眼で捉える力があると、道に迷うことはないでしょう。
親が魂が磨かれていて、目覚めていると、子どもは楽に成長すること。
子どもを承認する力もあり、青年の時代に道をみつけることができる。

77

あなたが選んだ母親は魂の成長ができる相手

私たちは、今世、魂の成長のために誰のもとに生まれるかを決めたこと。
この地球上でもっとも魂の成長ができる相手と決めて今の母親を選んだこと。
学ばせて頂いて、育てて頂いて、ありがとう。という自然な悟り力をもとう。
そうはいっても許せない潜在意識があるのならば、認識して消去するしかない。
すると、魂は光輝くこと。子宮の中でも光輝いていたこと、思い出すでしょう。

78

生まれてきた意味を知る

宇宙の法則に因果応報があること。
生まれることにも意味があること。
この母親、この父親であることが、覚醒の道の原点であること。
そこをなおざりにしていて、自身の人生は一つも改善されない。

依存と自立の意義を知る

赤ん坊は、一人では生きていけない、依存してもよし。
いずれ、学校に通う、卒業する、選択をしながら自立。
依存の時に、親の言葉や表情から、無価値観を受け取っていると、
自分で立って歩けないことがあるのは認めてもらっていないから。
依存度の破壊を認識して、解放することで、真の自立となること。

80

家族だからこそ境界線

長時間いる人間関係は、エゴが発見できる、うまくいっている。
学びの友には要求しないことを、家族などに言うのは可笑《おか》しい。
宇宙は魂が磨けるよう仕組まれていると悟り、境界線を整えること。

○社会での人間関係

仕事場の人間関係で悩みを抱えている人へ

81

真実は一つである

真実を見抜く目と耳が必要である。
現代社会の中で、何の偏見もないこと。
心の眼を開き、相手を社会を見抜いていく力を養うこと。
真実を捉えていたら、人生に迷うことは何もないはずだ。

82

一点の曇りもなく、ありのままの自分でいる

どの時間も、どの日も、悔いがないように過ごすこと。
いつも心に偽りがなく、真実だけを語る日々を過ごす。

83

時間は「命」

刻一刻と過ぎ去る時間の中、今という瞬間に生きること。
一瞬に人生を賭ける生き方をすると、人生の時間が「命」。
すると、一日の時間の管理は命の管理と同一であること。
また、相手の時間を尊重できる人が悟っている人である。
時間の捉え方があなたの人生の実り方に大きく影響する。

84

割り切りが大切である

人生は失敗もあれば後悔もあるだろう。
過去の誤ちや罪の心を教訓とし、何も執着なしに生きること。
すんだことはすんだこと。いいことも悪いことも手放そう。
割り切りが大事であるしこれから先に進む方法であること。

85

念を入れて生きること

「念」という文字は、今という瞬間に心を打ち込んで生きること。
自分が満たされていく人生を過ごすには、念を入れて生きること。
いい加減に怠惰に過ごしていると、未来永劫に結果が出ない。

86

言葉の磨きは魂の磨きとなる

顕在的に言葉を整えることが魂の成長になること。
言葉の奥には意識や振動がある、過去のパターンを変えていくには言葉。
魂が磨かれて、言葉が整うと、人生が好転することはまちがいないこと。

87

気にしない、こだわらない、大らかでいる

誰もが懸命に生きている。人には気づきのタイミングがあるだけである。
小さな事をくよくよ悩むのではなく、物事を細かく気にしない力が必要。
こだわらない、忘れる、切り替える、そのすべては肝要であるとできる。

88

調和、温和、友愛、愛情を心がける

自分から相手に架け橋を渡していく。すべては学びであること。
愛のある行動、思いやりのある行動とはどのような対応なのか、
互いに心がけることは、尊重、調和、友愛を生むことになること。
その職場は温和な現場となることでしょう。

89

誠実な心を養うには、毎日を悔いなく生きる

無心でコツコツ、誰にでも誠実な心使い、日々精進を続けていくこと。
多少の失敗やエゴがあれど、誠実であるのか、うそはないのかが大事。
二日とおかない、一日の最後に「悔いがないのか」自ら問いただすのみ。
いずれ、時がきて嬉しい恩恵を受け取ることができるのは、誠実さの証。

90

一日が当たり前と思わずに過ごす

今が幸せだと思える心とは、一日を「お蔭様、無事です」と過ごせる心。道を歩けること、当たり前と思わない心が幸せを味わえることに繋がる。当たり前に過ごせる人は怠惰であるから、魂が汚れてしっぺ返しに遭う。

91

日々、精進せよ

心に、多少の迷いが生じてもコツコツ精進しよう。
努力はすぐに実らずとも、結果は大きく違うこと。
日々、精進という言葉は知っていても、
実際に言動の向上ができているかが結果に繋がること。

92

魂は人と人との間で磨かれる

ダイヤモンドが光輝くためには、ダイヤモンドでしか磨かれないように、人は人との出会いや関係性の中でこそ魂を磨くことで成長していくこと。人を避けたり、争ったりしていると、魂が曇って悩みは深くなること。

93

誰もが尊重すべき「人」と捉える

人生が幸せになる人とは、人を尊重できる人であること。
どんな状況においても、どんな相手に対しても、心配りができること。
まっすぐ相手の中の魂の光のみを見ている力があってこその人格霊格。

94

今日、出会えた人と魂を磨き合えば良し

そのときに出会い、向き合った人と人との間で魂を磨くことが真理。
過去にこだわらずに、未来に憂いをもたずに人と人が磨かれること。
今日、あなたが出会えた人を大切にすることが、自然である魂磨き。

95

心から雑念を取り払う

ネガティブや否定的な神経を使用していると時間の浪費が起きること。
雑念がなくクリアな思考状態になってから、仕事を始めることがいい。
肯定的な思考でいることは、ハイヤーで間違いのない判断ができること。

96

動じない心を常から養っておく

社会事象の変化に動じないでいることは、
自分自身が常に惑わされないでいること。
中立で中道であると動じる必要性がない。

97

感謝とは、目と、行動と、言葉で示すもの

思いと気持ちだけで感謝は通じないし、感謝心が深いとはいえないこと。言葉を行動に体現できる人とは、感謝の言葉と行動が一致していること。または、相手に伝えてこその本来の魂からの感謝である。伝えたくなる。

98

必要な人たちが目の前にいる

魂を磨いている人は、人生において必要な時に、必要な人が現れること。日々の精進あってこそ、出会いもご縁もうまくいく。極めなければ、損。舞台に上がる機会に、人材は向上するか、そうでなければ、眼の前から離れることも良し。去る者追わず、来る者も心眼厳選していきましょう。

99

忠実、誠実、正直が霊格三要素

仕事に誠実であるのか、人として正直であるのか、
目標に向かって忠実であるのか、使命に誠実、正直であるのかということ。
これを丁寧に守っていれば、生きる道に不安、心配の要素は起きないこと。
この三要素を一日一日を意識して過ごしていると、霊格が高くなっていく。

100

自分だけの思考の枠をもたないパーソナル（人格）

私達は魂が本質の輝きに到達する前、一度、固い思考を超える作業をする。あなたの古い観念や価値判断を認識して、実体験の中で因を消去すること。思考の枠を超えない限りは、思い通りの人生は過ごせない。超えた後は楽。「無」「空」「ここにいる」を社会の中で目指す。

101

大事な事は対面で伝えられる発言者になろう

インターネット社会の中で、メールでは、好き勝手な文章を打てるのに、その相手が眼の前にいると、直接言えないのはおかしな現象であること。価値観が違う相手にも、境界線をもって、責めずに、感情を一切いれずに、ありのままに伝えられてこそ自己責任があるメールを届ける領域となること。

102

日本語を大事にしよう

日本語の「音」を大事に丁寧に言葉にしていると、律する心に近づくこと。日本語には大和《やまと》の音がある。大いなる調和として、その場に集まる人たちの人生が円滑になっていく音。母音を大事にして実際に言葉に声に出していく。日本語の乱れは、日本人の生き方の乱れ。気づいた人から整えていこう。

103

本物には本物の人がそばに必要である

理念全うするリーダーのそばには本物がいる必要があること。
気持ちだけではない実務レベルも必要、統率力も必要である。
そのお蔭で、トップのリーダーが時間を生み出せ結果を残せること。
覚醒段階があがるとそこに必要な人がいて本物の必要な人と出会う。

104

あなたがありのままである「境界線」

「境界線」は言葉、思考、人間力が向上するライン。
「境界線」が整うと、言葉、生き方、姿勢も整ってくる。
人間修行が終わって、ありのままでいることの極みは「境界線」。

105

言葉と行動を整えること

顕在的に整えることは、悪しき習慣から徳のある習慣に変えていくこと。
行動も口から出る言葉もポジティブであることは人生を豊かにすること。
家庭でも職場でも、言葉を丁寧に誠実に生きることから意識しましょう。

106

あなたにはあなたのタイミングがある

人生はタイミング。ハッと気づいたときがあなたのタイミング。
気づくと過去の自分を責めたり、後悔したりすることがあるが、
実は準備が整ったとき、最善の方法や人と出会うタイミングがある。
目覚めのタイミングは逃さないこと。ハイヤーセルフでわかること。

107

継続は力、人格霊格は一夜にして育たず

日々、懸命に精進すれば、結果が実ることは確かであること。
それには、継続は力なり。人と人の対応や実体験で悟ること。
心を向上させて、人格を養う自己向上時間をつくっていこう。
魂磨きの継続にて、覚醒段階13段階で霊格の土台が整うこと。

108

仕事の境界線を極める

仕事を、無事こなせる極意は「境界線」。
相手に求めず、見返り求めず、犠牲も払わず、情もない「境界線」。
不都合は、「境界線」のずれでしかない。また、認識も面白いこと。
世界中が「境界線」を知るのならば、豊かな世界になることだろう。

○愛を育《はぐく》むために

恋愛、結婚、夫婦生活で悩みを抱えている人へ

109

私たちはもともと愛と光である

いつか回帰するであろう大いなる源が何兆億光年先であっても、本来の魂の輝きに近づいていくことは、高次元の生き方である。魂を磨くことで幸福感を感じ、笑顔で過ごしていくことが可能。

ただ、そこにいる愛

愛は求めるものではありません。
あなたはただそこにいて、あるがままに過ごしていること。
愛は与えるものでもありません。
眼の前の人は、ただそこにいると受け入れながら感じる愛。

111

生まれてきた目的に忠実に生きることが「愛」

人に左右されず、我をもたず、貫いて生きる力は「愛」。
生まれてきた目的を体現し続ける人は、純粋な愛に近くなり、
ミッションを具現化できる人は、まさに「愛」の存在である。
その愛は人間の愛ではなく、地球を愛の星にする「愛」である。

112

天地人の道を進むことが光である

天と地が繋がれる肉体であり続けることを極める人には光の道がある。
己に自我がないことを常に極めながら本質の魂の輝きに生き抜くこと。

113

あなたの言葉と行動は「愛と尊重」なのか

愛と尊重があるならば、眼の前の人は気づき、調和の場となること。

人生がうまくいく人たちは、相手へ尊重心をもって対応ができること。

不調和とは、自分が相手より勝っている、相手より劣っているという思い込みなどから適切でない対応によって起きる尊重心のなさである。

114

素直な魂磨きと言葉磨きが課題を解決する

素直な人は、魂を磨いた結果が顕著に起きることは真理に即している。悩みがあっても素直ならば、起因を認識して魂磨きで乗り越えられる。そして、地の作業として、言葉を磨いて洗練させていきましょう。

115

女性は男性を尊重せよ

水の惑星である地球から生命が生まれたこと。
母親の体内の子宮という水から生命が育まれていること。
この真理を知るならば、女性が男性を尊重していくこと。
気づきが深まると、おのずと男性への尊重度が高くなり、
家庭も職場も調和が生まれて、自然とうまくいくこととなる。

116

いつも正直で誠実である人生

正直、誠実、誠意があるならば、未来に不安は起きない。
精進して生きるとは、一瞬を悔いなしで過ごしていくこと。
魂に、影や汚れがあるので、不幸なことが起きると知ろう。

117

相手に気づきを与えることは愛

気づきがあるとないでは天と地の差であること。
自身が人生好転したのならば、経験を生かして、
相手に気づきを与えることは、愛と尊重心がある。
愛ある人たちが気づきを促すことで救われる人たちがいる。

118

己を磨くことに専念するのみの人生

言葉、思考、行動にエゴが無くなるまで徹底的に魂を磨こう。
心、体、魂を磨くことが、これすなわち、人徳が上がること。
脇目をふらずに自らを磨くことに専念する人生が真理である。

119

一心であると美しい姿

一つひとつの事に集中して心を込めて行動していくこと。
理念全う、目的に向かってた弛《たゆ》まぬ努力と精進の末に、
心の鍛錬と共に体が美しくみごとに整ってくること。
そして、その姿は人の心をも感動させるものである。

120

心を正しく律すること

常に平常心、これすなわち、我がないこと。
ただここにいると、動じない心でいること。
何かをわずかにでも求めると心が乱れると、
気づくためにも境界線の修練を積みましょう。

121

価値観が違えど、相手を認めていこう

多種多様な世の中で、考え方も経験も価値観も生き方も違う人がいるからこそ面白いし、自身が学べると知ろう。相手の意見を受け入れて、ありのままに発言できること。そして、価値観が違えど、相手を認めていけるキャパシティ。

122

家庭と職場の調和には言葉を整えること

覚醒の道は、家の中を小宇宙、家の外を大宇宙と捉えること基本。
幼少期に小宇宙内で聞いた言葉は、成年になって大宇宙に影響がある。
人生がうまくいくもいかぬも、聞いた音次第であるほど、顕著な事実。
愛と調和の言葉とは、小宇宙と大宇宙を豊かにしていく音である。

123

男女間で魂が磨かれること

魂は輪廻転生をしているために異性によって磨かれること。
男女間の葛藤は、男性の本能、女性の受容力を勘違いして起きる。
生命の誕生と自然な行為に尊重度があるのならば悩みは解決すること。
それは、悟り者の領域であるからこそ男女間で悟るまで磨かれること。

パートナーシップの分かち合い

気づき度の差をつくってはならない。あるとしたら尊重心がないこと。
本来は、互いに魂を磨きフィードバッグして向上していくのみである。
人生の時間を共有することを選ぶのならば、分ち合いを理想としよう。

125

言葉は尊重度の現れである

人が発する言葉とは、人に対しての尊重度が言葉の使い方でよくわかる。
相手の立場を理解して尊重する言葉にすることができるのは、霊格高し。
お金、体、人間関係の3現象®は、尊い言葉で解決していくことが可能。

126

豊かな具現化は言葉の結果

生まれてきた目的を豊かに具現化するためには、言葉を言霊にしていこう。
真理に満たされている人の言葉には無駄がなくすべてが愛をもつ波動なり。

127

愛とは何かと問わない覚醒者

「愛とは何か」など、たわごとである。
求める愛、感情的な愛、犠牲心の愛は、愛ではない。
この世のすべてが、真実の愛を知るために起きている投影である。
覚醒の道を歩む続ける果てに、全身が愛の存在となる時が覚醒者。

○道を極める

人生の目的、仕事に悩みを持っている人へ

128

今という瞬間に生きる

過去の失敗を手放し、教訓にする力。
未来に不安を一切もたない覚醒の道。
一分前のことも過去であり、一分先のことも未来であること。
今の瞬間に集中することは、最善を生きる事につながること。

129

人生のシナリオは変えていける

運命はない。
眼の前の社会現象の出来事を必然と呼ぶのではないこと。
真の必然性を受け取り「ゼロポイント」になることにより、
人生を安心安全なシナリオに書き換えることができること。

130

人生は、あなたの生き方次第で輝く

本来の生き方とは、「自他共に幸福」に満たされる生き方である。
人間は魂の格を向上させ、霊性進化の探究をすること。
24時間、365日、己の生き方次第で人生は見事に円滑になる。

131

高い次元にビジョン図を見据えて具現化

豊かな人生を過ごすために、次元を高く、行動の具現化をする。
一度ビジョン図を書いたら、形になるまで精進していきましょう。
潜在意識をクリアにできていること、言い訳がないならできる。

○道を極める

132

真面目に誠実に日々、鍛錬するのみが成功者

正直で誠実であれば、ハイヤーセルフが正しい答えを教えてくれる。
社会の改革の中、誠実であるのか、自らに問い続けて具現化しよう。
人に迎合したり、怪しい心を使用しない、気づけば消去すればよし。
初心貫徹、理念全う、必然掌握、魂を磨き日々鍛錬が事業成功となる。

133

期日を決めて行動せよ

人生は、24時間。行動をすると決めたら、先に到達期日を決めること。目的に意識を集中していく道の先、自分が希望する人生に近づくこと。5百メートル走か、1千メートル走かでエネルギー配分が違う訳だから、実現化する期日を決めることで、あるべき姿が明確になることでしょう。

134

自己責任の覚悟こそが魂磨きの極み

誰のせいにもせずに、ひたすら魂を磨くこと。
すべては自己責任。言うのは簡単でありますが、
能力があるリーダーは、自己責任力が強いこと。
何が起きても己《おのれ》に因あり、必然と捉え、言い訳がないこと。

135

覚醒段階13段階を目指す意味

愛のもと、行動をエゴなく選択していると意識は上に向いていること。
覚醒13段階を安定保持することは、いつも安心安全な人生であること。
世のため、人のための醍醐味を味わえる覚醒段階。

136

小さな失敗で教訓を得て、実りある人生へ

失敗のない人生などあろうものか。
失敗から学べばいいのであろうこと。
ただし、教訓を生かして繰り返さないようにしよう。なぜなら因果がある。
不都合の起因、失敗の因を教訓にする人は成長する。階段を上がれば実り。

ミッションは覚悟するとうまくいく

心と行動の一致は、「本当にやりたい道」の近道であること。
潜在意識を消滅した上で、できないとしたら、覚悟がない。
ミッションや具現化を阻《はば》む意識は、無意識レベルにあると認識。
闇を認識して、目覚め悟る境地となる統合作業もできることを知る。

138

継続できる人が本物である

「本物」であるかどうかは、何事にもくじけず継続できる人。
顕在的な技術や表現のみならず、言葉を超えた体現力にあること。
継続は力なりと結果を出せる人とは、人格霊格が定まっている本物。

139

時を掴《つか》み、自然の流れに合わせるセンス

人生には花を咲かせる喜びもあれば、茎を養う時期も必要である。
時には、静かに過ごす冬もあるだろう。自然の流れに合わせよう。
社会事象の事実から本質をとらえて、時を掴《つか》み、実現化する有志。

140

今やるべきこと、今ここに集中せよ

瞬間に、成すべきことを実行していると、人生は間違いなくうまくいく。
思考の使い方として過去を考えずに割り切る力、明日の心配はしない。
魂磨きと今やるべきこと、今ここに集中の結果が、豊かな発展となる。

141

貫くとは、自分の本意でいる意志

自らが選んだ道を貫く意志とは、自分の本位の定まりのこと。
迷わず、との概念すらない意志が「貫く」という力の結集となる。
己を磨き、己を知り、己を極め、本位で生きる生き様こそ覚醒者。

142

困難を乗り越える力は本質の輝き

魂はあなたに必要な出来事で学ばせてくれる。
困難が魂の修行と気づく時に乗り越えられる。
乗り越えられることしか宇宙は起こさないと気づき、乗り越える。
乗り越えた時に課題は好転し、その姿は、魂の本質の輝きを放つ。

143

自身の潜在意識に己を見つめる力

世の中の変革のリーダーであるためには、潜在意識を認識すること。意識と現実が繋がっていること、意識を純粋に精進し続けることが、社会貢献にもなっていく。目覚め悟り、世のため人のために生きる。

144

コツコツ真面目に生きる

無心にコツコツ真面目に生きることは優れた人物になる基本。
誠実、正直、真面目であれば、人生が花開く結果もあること。
しかし、それすらエゴで望まず、ただ目の前の仕事を精進する。

145

自己向上心は生きがい度

自己向上心がある人と自己向上心が無い人では、幸福度が違うこと。
魂は本来磨かれると、心身を満足させるエゴに興味が一切なくなる。
自己向上心がある人間というのは、因果を認識したら鍛錬できる人。

146

白紙からのスタートは誠実な学び

白紙であるほど、速度早くうまくいくこと。
無用なエゴの産物にとらわれず、裸身一つで再スタートすることがいい。
できない人ほど肩書や勲章にこだわり、心身が重くてこだわりが強いぞ。
一度、降参して、覚醒の道を歩みながら、白紙から誠実に学びましょう。

147

覚醒の道に気づいた時がタイミング

人には魂磨きと螺旋《らせん》上昇のタイミングがあること。
誰との比較ではないから、あなたが気づいた時から覚醒の道。
そのかわり、気づいたあとに時期を逃してはなりませんこと。

148

魂の体験を乗り越えてこそ実現化

人間修行を終わらせなければならないこと。ここに宇宙の妙技あり。
魂の体験を乗り越える人間力がある人たちが実現化に到達することが、
生まれてきた目的と計画を実行できた恩恵を受け取れる人たちである。

149

「問題解決」が人生の醍醐味

本物となっていく過程の力が結果を成す途中のプロセスも美しい。
ハイヤーセルフに繋がり、潜在意識のエゴを消去すると次元上昇。
能力開発は４つのチャンネルに及び、思考が明瞭クリアになること。
課題への対応力がついて、物事がスムーズに働くこと楽しい人生。

150

慢心にならないこと

自分でできたと思ってはならない宇宙の法則。
私たちは天と地に活かされてここにいること。
人間である限り、魂の学びに終わりはなく、
これでよしと思うことは慢心。精進は続く。

151

全てはうまくいっている

愛と調和に意識が合っているなら、現実はうまくいく結果。
人生が常にうまくいく根拠とは、自らの心にエゴがないこと。
次元の期日の度に見直しは必要であるが、基本的に是精進。
覚醒の道を歩むと決めた限りは、全てはうまくいっている。

152

大事な時期を大事と捉えられる力

あとでいい、という怠惰は何一つ起きないと知ろう。
大事な時期、大事なことを捉え、会わない人のためにも磨くこと。
地球に来た意味とは、タイミングを大事に捉える力と通じる必然。

153

日々感謝してこそ、次のステージに進める

「全てにありがとう」と深い感謝してこそ、次の舞台へ上がれること。
ゼロポイントの爽快さを忘れてはならないし、自分の力だけではない。
日々の生活を感謝する鍛錬こそ、魂磨きの結果、黄金の舞台へ進める。

154

日々是好日の真意

今という積み重ねが「日々是好日」。
十年で良好な精進で生きてこそ、この言霊の意味がわかること。
先人の言葉を安易に使用せず境地に達してこそ「日々是好日」。

155

人類に生まれてきた目的がある限り

地球に目的があるならば、その体験が必要であると悟ること。
その現実を乗り越えてこそ、ミッションの役割ができること。
仕事に行き詰まったときは、人生のチャンスの到来と気づき、
豊かな人生に進める覚醒のための大チャンスと知りましょう。

156

失敗は未熟さの教訓と覚醒する

霊性進化する前の過去などは教訓となし、後悔をもたない。
気づいたときから、日々精進して螺旋を上昇していくこと。
すべては教訓であると悟るには割り切りも必要であること。

157

同じ過失を繰り返さない人生を歩もう

古い思考パターンを乗り越える。同じ課題にひっかからないこと。過去は過去と教訓したのならば、見えない窓を開けて人生を歩む。素直に過去の過失を教訓して改善するならば、霊性進化を歩める。

158

自らの生業《なりわい》が人生に影響を成《な》す

人として大事なことは、真実を掌握しながら行動することが肝心。
思わぬことが起きる人生、山あり谷ありといわれることはないこと。
自らの生業の仕事の積み重ねこそが人生に影響を及ぼすことになる。

159

誰にも期待しないこと

誰にも期待せず、何にも期待せず、ただ我が道を貫くこと。
信頼しない、ゆだねないことではない境界線の極みである。
己がなすべきことを自己責任力をもつ行動のみであること。

160

魂が輝く人生を選ぼう

今、ここにいる。この世界にはあなたは一人しかいない。
ときには悩み、課題に向かうこともあるが、それは魂の磨き必然性。
必然性をとらえるのならば、何もかも魂が磨かれるチャンスである。
本質の輝きを生かして人生を歩もう。魂が喜ぶ人生を過ごす醍醐味。

161

自己成長とは教訓したら改善していく向上力

物事には因がある。失敗したら教訓するしかないこと。
潜在意識に消去する因があれば、認識して消滅させればいいこと。
気づき、因を認識、消去することで、改善がなされると向上。
柔軟な思考とクリアな心使いが人生をうまく簡単に運ばせる。

162

土台を耕して良き種をうめる

今世、万人には、気づくまで悪しき種はあること。
過去輪廻転生の悪しき種は刈り取らねばなりません。
刈り取らないと、ひもじい茎がはえる、葉が朽ち果てる心身。
悪しき種を刈り取ったら、土壌が安定するまで三カ月は精進。
そして安心な土台とは、良いカルマ（良き種）を植え付ける言葉。

163

向き合い続ける現実と己《おのれ》

真の悟りとは、現実に向き合い続けることのみで掌握できる肝力。
目の前の現実は、己の魂の成長にのみ必然起きていると知るならば、
今という瞬間に己は現実から逃避せずに、向き合い続けること真理。

○覚醒への道

地球の使命を感じて歩んでいる人へ

164

人生は魂の体験である

人生は、体験の実践による経験の積み重ねであること。
24時間、365日の尽力の集大成こそ人生であること。

165

心眼を見極めること

自己というのは、家庭面の捉え方、社会面の捉え方で成り立つ。
そのどちらの面にも思い込みや固定観念があってはならないこと。
自己解釈に偏見がある場合、教訓改善して心の眼を開くこと。
人や物事をクリアな心眼でみる力は、覚醒の道を歩む力となる。

166

真のスピリチュアルは日常の中にある

「真のスピリチュアルは日常の中にこそある」と天地人は伝授。
ハイヤーセルフ（高次の自己）と繋がりながら愛と調和の行動。
天と地が肉体をもって繋がる、「天地人」に近づくことが覚醒の道。

167

「使命」とは人生に覚醒する

使命とは「使われる命」と書くこと。
天地の肉体にて、今という瞬間に生かされていること。
地球上に生まれてきた目的の実現化が使命であること。

168

覚醒の道は自然なこと

魂は輪廻転生のもと、回帰の作業をおこなっていること。

人間が悟り、目覚め、覚醒の道を歩むことは自然なことであり、自然に逆らうと人生が厳しくなることは、覚えておくこと。

169

感謝は天上界知らず

通常の感謝程度であった慢心に気づき、あたり前にしないこと。御霊を磨く日々の中で感謝は驚くほど深く高まることを知ろう。困難を乗り越えたり、人と人で磨き合ったり、親と接する中で、覚醒者になり初めて言葉の限界を超えるほどの感謝があること。

170

意識は現実となる

潜在意識は、お金、体、人間関係面の現実となること。
言い訳できないほど、眼の前の現実に顕著になること。
顕在意識を整えて、潜在意識をクリアにしていくこと。
無意識は表情や行動面や具現化に現れるから輝かそう。

171

宇宙はあなたを守っている

すべては宇宙が見ている。宇宙が現実の結果を出すこと。
言い訳も他力本願もできない、宇宙の広大な光の空間で、
人間はどこにいてもいつ何時も高次の光線を浴びている。
私たちは、大いなる源に還るために宇宙に守られている。

172

人間には無限の可能性がある

あなたの能力を無限に発揮するには、何に執着しているのか、幼少期の枠組みを認識して、枠を超えるための行動をしよう。枠の中にいる限り葛藤は続くだろう。留まるのか超えるのか。

「覚悟」とは目覚め悟ること真意の力

覚悟とは、覚醒の道を歩むことが、宇宙の真理と知っていること。
ビジョンを見据えた志《こころざし》に到達するまで、ゆるぎない行動力と愛。
「覚悟」あるのならば、生きる道の真意掴み、具現化できること。

174

使命の鍵は覚醒の道

覚醒者として、使命で生きる道の途中に恩恵への鍵がみえる。
鍵をみつけ、扉を開き、また一つと開きながら到達すること。
人生の醍醐味を味わいながら、生き抜く知恵を授かることだ。

175

アセンションとは「時間」と「意識の選択」

地球のアセンション（次元上昇）は起きている。
地球上の人類の意識の選択が、世界の現実となっている。
一秒に数十億人の意識が関係して社会事象が起きること。
そして、意識は刻一刻と変わっていくことを知るならば、
一秒の意識を純粋にクリアにし続けることは、最大の光。

176

真の覚醒者とは、有言実行の天地人

覚醒者とは、クラウンチャクラと第一チャクラが繋がっている。
13段階の覚醒者とは、地球上の天地人の存在であること。
すなわち、高次の意識と繋がり、地の言動で存在する天地人。
有言実行の有志。

177

「行動の美学」は美しい光を放つ

自分自身の枠を超えながら、魂を磨きながら、笑顔行動すること。
その使命は見事に現実として具現化していく。行動してこその光。
思いだけではならない、全身を動かして世のため人のためは美学。

178

チャンスを掴み、即行動する

時期の重要性、アセンションの真理、覚醒の道を歩むということ。
目覚め悟っているなら好機を逃さず、即行動していく力をもとう。
また、即行動してから、チャンスが来るということもあるだろう。
目的をもって行動することによって、新たな出会いが待っている。

179

使命の具現化は日常の中にある

あなたの本心、良心に基づいて納得した使命に常に誠実であること。使命の具現化は、会社員であっても、本気ならば実現すること可能。ミッションに生きる心身は、違う時間があるはずがないと気づこう。

180

ミッションを明確に宣言すること

明確に意図する発言力が豊かな収入となること。
理想だけの思考や夢物語的な抽象的な言葉を減らして宣言しよう。
大事な人の前で宣言すると、有言実行度が上がることは間違いない。
先に宣言して、即行動をするというのも、自分をうらぎらない方法。

181

天地人の使命

使命のために、命を与えられ、生かされている。

「なぜこの世に生まれてきたのか、何をするために生まれてきたのか」

その取り組みに向き合ってこそ、明確に「生きる道」を掌握できる。

使命を実現化するための最善の道こそが天地人。

182

覚醒の道は境界線の極み

宇宙は「境界線」の極みを教えてくれていること。
人間関係が緩めば依存、突き放せば自立の罠である。
理念を共にする仲間も「境界線」があると団体がうまくいくこと。
「自他共に幸せ」には「境界線」の学びが必要不可欠であること。

183

日本の心と精神

魂が本質の光に輝いてくると、「感謝」「無事」「お陰様」となること。
日本人の大和の精神が、「誠実」「誠意」「律する」人生道となること。
日本の四季折々の気候を受け取り、脈々と大事にされてきた精神に戻る。

184

倫理感と使命感の統一

ミッションは社会貢献であるという使命感のあるリーダーは倫理感が高いこと。
正直で誠実であるプロセス、問題解決の力、倫理感が高いと達成度も高いこと。
時代の変革の有志とは、倫理感と使命感の統一ができている霊格のリーダー達。

185

他人の評価を気にしない

ある程度、軌道に乗ると、他人の評価が耳に入る。エゴの誘いもある。途中に挫折や頓挫《とんざ》があるとすると、自己顕示欲と驕《おご》りと境界線のなさ。魂を磨いて謙虚であり続ける限り、他人の行為は気にしないでいよう。

186

志とは成し遂げる意志

なぜやるのかの動機がクリアであるのならば、志《こころざし》は成し遂げられること。
ビジョンを具現化すること、成し遂げる意志があるからこそ可能である。
「志がある」＝成し遂げる意志があると、自身に誓うことから開始しよう。

187

人間力とは、心の在り方

心、体、魂の一体化を目指しながら、覚醒の道を歩む。
リーダーの人間力とは、万人に好かれることではない。
貫く信念と、大いなる志を胸に、寛容であり続けること。

188

人脈はエゴがない繋がりにする

人脈やコミュニケーションなどを気にしていたら始まらない。
一人から百人に認知されるためには、一人を大事にする。
百人にするための一人ではなく、一人を尊重する尊重度。
その積み重ねが、エゴのない繋がりの輪を無限大に広げていく。

189

原因と結果の法則を理解する

「なぜ、こんなことになったのか」と考えるのは、覚醒者ではない。
すべては魂の成長のために起きている必然を捉えた上の因果応報。
結果に納得がいかないのならば、因を認識して事態を好転させること。

190

諸行無常だからこそ生きる喜び

この世の虚しさと虚脱感を繰り返しながら、今という瞬間に生きる。
人は人の世で生き抜いてこそ、諸行無常。変わらないものはないと、
微細に変化を掴み悟り、自らは中道中立心で極めるのみであること。
この世の仕組みを理解しながら、志貫くことが、生きる喜びである。

191

死を恐れない度胸

生まれて死ぬまで人間修行。
死ぬことを恐れていては、社会改革の起業はできぬこと。
また、恐れがあるということは、今に生きていないこと。
かといって命は大事、体も大事。生死にこだわらない度胸。

192

白紙にできる根性

途中で上手くいかないときは、速度早くやり方を変えること。
同じやり方、今までのやり方では通用しないと教えられている。
古い観念に執着せずにエゴを手放すと、自己向上ができること。
こだわる人より、白紙にできる人の方が根性があり、やり遂げる力あり。

193

以《い》心《しん》伝《でん》心《しん》

理念を全うすることは、以心伝心の友がいること。
言葉にしなくても伝わる意志が、潜在的な繋がりを連鎖する。
志を共に目指せる仲間がいることが、人生を豊かにしていく。

194

奇跡の感謝を返す人になる

真の感謝とは、奇跡の伝授を受け取ったものを返すこと。
言葉の感謝はまだ薄く、行動で恩を返すことが真の感謝。
また、それができてこそ、天地人の道となる。

195

人間が中心ではないこと

人生や道について、あれやこれや悩んでいても悟れません。
自分がどうしたいなんて発想では自我が強くて目覚めない。
所詮、人間が中心でないことを悟り、天に任せる大らかさ。

196

誠意にまさるものなし

道志して、未熟さ故に行き詰ったり、思考錯誤するときには、誠意がある対応、誠実な言葉、表裏のない行動である自身か、「誠意にまさるものなし」と肝に命じましょう。

勝ち負けはなし

多くの人は、自分が正しい、相手が間違っていると思ってしまう。
本来は、勝ち負けはなし。価値観が違えど、認めていける関係性。
覚醒段階と気づき度の差はあるが、いずれは、みな大いなる源へ。

198

雑巾がけできる有志

段ボール一箱から会社一棟まで立ち上げてこそのリーダーであること。
会社の雑巾がけ、その一つも成し遂げられない人間には何もできない。

199

神さまは自分の中にはいない

神さまという存在を、まだエゴのある人間の中におさめないこと。
人間は人間であり、神さまは神さまであるというのが謙虚な学び。
地球上での全カルマが修了した時に、明かされるだろう真実の光。

200

自身の闇を認識して光と統合する

宇宙には、光もあれば、闇もあること。
過去輪廻転生の中、人間には闇があると自身の闇を認識すること。
闇を認識して、本質の光の作業を鍛錬することで統合作業となる。

あとがき

私自身が幼少期から闇を抱えて、
「何のために生きているのか」自問自答してきました。

十代から尊敬する祖母に茶道を習って、
二十代で一流商社を退社して禅的な修行に入りました。

禅の師匠から口伝で教えていただいた「間（マ）」「境界線」「倫理観」は、
「覚醒の道」を伝授するときには、言葉で伝えなくてはなりません。
これは、簡単ではありませんでした。

魂の体験と人間修行があってこそ、腑に落ちる無意識の領域でもあり、言葉の限界を感じた時期もありました。

実体験で何度も講義や講演を開催する度に、自己フィードバッグをして、言霊を極めました。

本著は、経営者・作家でもある私が、自動手記の如《ごと》く書きおろした言霊、一語一語に、実体験による地の作業の覚悟が込められている語録集です。

啓示を受けて職業転身をしてから十四年間、書籍中に人生全てを凝縮した、「人類が霊性進化のために覚醒する言霊」の集大成の格言となりました。

執筆途中に、世界は暗闇に包まれて、怒りや失望が多くの人達を追いつめ、ここ日本でも「先の見えない不安」で大混乱の改革期を迎えました。

人は幸せになるために生まれてきた、魂を成長させることで幸福が得られる、このシンプルな真理にいきつくために、何千年も歳月をかけている人類とは、どこに向かって歩んでいくのでしょうか。

＊＊＊＊＊＊

「必然」

全てを自らの魂の成長のためにのみ起きていると気づくことで、互いを認め合い、支え合い、許し合えるのではないでしょうか。

「地球に生まれてきた目的」は霊性進化のためです。

『人類が覚醒する言霊』を読んで、
日常生活の中で悟り道を極める人達が増えますように。
目次の7項目を真に理解して、力強く人生を歩みましょう。

地球上で「今という瞬間に生きる」という真実に到達できるまで
覚醒の道を歩むことが、命を輝かせていく人の道であることです。
『人類が覚醒する言霊』で目覚め、真実の道を歩めますように。

シルバーあさみ

※弊社は、特定の宗教団体、政治団体に一切属しておりません。

シルバーあさみ公式ブログ http://www.silverasami.com

著者プロフィール
シルバーあさみ

心眼コメンテーター、ベストセラー作家、ラジオDJ、女性起業家、天地人。株式会社アップライト代表取締役として、東京自由が丘に創業21年。

「シルバーあさみの公式ブログ」は1日5万人の読者が購読している大ヒットブログを更新してきました。14年間50,000人以上が全国から個人セッションやセミナーを受講している大人気の理由は、実際に人生の悩みを即解決できる「シルバー理論」によって「悩みがゼロ」となる好転結果と、表裏の一切ない人間性と、美しい身体能力による「天地人」としての信頼が高い評価の結果です。現在は、男女、業界とわず「自他共に幸福」な世界の実現化を個別に「天地コンサルティング」で指導中。また、地球の「アセンションリーダー」として、真のライトワーカーの指針となる公式ブログの執筆者として著名。　http://silverasami.com/

好評となった『地球でアセンションできる条件』(知道出版）に次ぐ本書は、社会の混乱期に動じない「覚醒者」のバイブル本となるために執筆した。

人類《じんるい》が覚醒《かくせい》する言霊《ことだま》

2021年 3月1日　初版第1刷発行
2021年 3月8日　第2刷
著　者　シルバーあさみ
発行者　鎌田順雄
発行所　知道出版
〒101-0051 東京都千代田区神田神保町 1-7-3 三光堂ビル
TEL 03-5282-3185 FAX 03-5282-3186
http://www.chido.co.jp
印　刷　モリモト印刷

ISBN978-4-88664-341-4